#4 SLOT

#3 RIGHT WING

#6 SYNCHRO-2

#8 SOLO-2

안녕하세요. 이성민입니다.
저는 전투조종사로서 우리나라의 하늘을 지키다
2015년 3월 블랙이글스 조종사가 되었고,
2020년 3월까지 #3 Rightwing 조종사로 활약했습니다.
많은분들이 행사장이 아닌 다른 곳에서도
블랙이글스를 만나실 수 있길 바라며 책을 쓰게 되었습니다.
블랙이글스 많이 응원해 주시고,
보이지 않는 곳에서 우리나라 하늘을 지키기위해 최선을 다하고 있는
대한민국 공군에도 많은 응원과 관심 가져주시길 바랍니다.
마지막으로 언젠가 한번은 꼭 행사장에서
블랙이글스의 에어쇼를 보셨으면 좋겠습니다.

#3 Rightwing

블랙이글스가 되고 싶어

초판1쇄 발행 2020년 8월 10일 / **글쓴이** 이성민 / **펴낸곳** 상상력놀이터 / **펴낸이** 이도원 / **교정교열** 정지윤, 임희주, 최윤정, 박유민, 구름 / **일러스트** 이성민 / **디자인** 상상력놀이터 디자인팀 / **주소** 경기도 고양시 일산동구 장백로 184 우신프라자, 305-1호 / **대표전화** 070-8227-4024 / **홈페이지** www.sangsangup.co.kr / **전자우편** contact@sangsangup.co.kr / **등록번호** 제 2015-000056 호 **ISBN** 979-11-88408-07-8 / **사진출처** 블랙이글스 홍보과 홈페이지 http://rokaf.airforce.mil.kr/blackeagles/index.do

*책값은 표지 뒷면에 있습니다.

*이 책은 상상력놀이터에서 저작권자와의 계약에 따라 발행한 것으로 허락 없이 복제할 수 없습니다.

*파본이나 잘못 인쇄된 책은 구매하신 서점에서 교환해드립니다.

우리 삼촌은 비행기 조종사예요.
그것도 대한민국 공군 특수비행팀 블랙이글스의 조종사이지요.
만나면 매일 장난만 치던 삼촌이 조종사라고 해서 믿을 수가 없었는데
오늘 드디어 삼촌이 조종하는 비행을 보는 날이에요.
한 번도 본 적 없는 에어쇼라 심장이 마구마구 뛰었어요.

평소에는 비행기만 다니던 활주로에
행사장이 차려지고 사람들로 가득 찼어요.
나는 그 틈을 비집고 비행기 가까이에 섰지요.
울타리 너머 독수리를 닮은 비행기 9대가 나란히 서 있었어요.
블랙이글스는 8대가 비행한다고 하던데 왜 9대가 있을까 궁금했어요.

참, 3번이라고 쓰여 있는 비행기가 우리 삼촌이 조종할 비행기래요.
삼촌은 3번기 조종사거든요.

잠시 후에 멋진 제복을 입은 조종사들이 나왔어요.
저 멀리 우리 삼촌도 보여요.
선글라스를 꼈지만, 장난기 가득한 얼굴을 보면 바로 삼촌임을 알아볼 수 있었어요.
손에 든 검은색 가방을 다른 사람에게 건네줬는데 그 속에는 헬멧이 있었어요.

헬멧을 가지고 다니면서 관리하는 이유는 비행 전에 통신 장비, 산소 호스와 흡기밸브의 정상작동 여부를 확인하고, 비행 후 마스크와 헬멧에 남아있는 먼지, 조종사의 땀, 침 등을 제거하는 점검을 해야 하기 때문입니다.

그리고는 비행기 주변을 한 바퀴 돌면서 이곳저곳을 확인했어요.
종이에 무언가를 쓰고는 미리 나와 있던 사람과 이야기를 했어요.

헬멧가방

항공기 기록부에는 연료와 오일 등의 정확한 탑재량, 비행 전 주요한 점검 사항, 참고사항 등이 기록되어 있습니다
조종사는 비행을 위한 정비가 끝났고 기타 필요한 내용을 확인했다는 뜻으로 항공기 기록부에 서명합니다.

하네스는 비행 중에 조종사를 의자에 고정해 주는 안전벨트 역할을 하면서, 낙하산과 연결된 튼튼한 끈으로 이루어진 장비입니다. 조종사가 비상 탈출을 할 때 안전하게 땅에 내려올 수 있게 해줍니다.

조종사들이 비행기 앞에 서서 이야기를 나눈 뒤

무언가가 주렁주렁 달린 조끼를 입고 비행기에 올라갔어요.

드디어 에어쇼가 시작하는 줄 알았는데 삼촌은 다시 비행기에서 내려왔어요.

아직 확인할 것이 남아있나봐요.

언제 출발할지 몰라 가슴이 마구마구 뛰었어요.

얼마나 빠를지, 어떤 모습일지 궁금해졌어요.

· 블랙이글스 이륙하기까지 과정 ·

에어쇼 시작 시간이 가까워지면 조종사들은 대기실에서 나와 헬멧을 가지고 비행기로 이동합니다.

비행기에 도착하면 미리 이륙 전 정비를 마친 정비사와 함께 비행기를 다시 점검 합니다.

비행기에 탑승하여 하네스를 비행기 좌석 안에 있는 낙하산과 연결한 후, 비행 전 세리머니 시간을 단축하기 위해 외부 라이트(Light), 엔진 및 연료 계통, 무선통신 라디오, 산소 공급 장치 등의 스위치를 미리 조작해 둡니다.

에어쇼 시작 시간이 되면, 선글라스와 모자를 착용하고 비행기 앞에 모여 경례로 인사를 한 뒤 각자의 비행기로 이동합니다.

비행기 앞에 도착하면 사다리에 걸어두었던 지슈트(G-Suit)를 착용한 뒤 #1 리더부터 비행기에 탑승합니다.

블랙이글스 시동 후 점검 순서

1. GPS 수신 및 전자 장비 점검
비행 중 사용할 GPS 신호를 이용해 현재 위치를 확인합니다.
각종 전자 장비를 켜고 정상 작동하는지 확인합니다.

2. 엔진 점검
엔진을 조절하는 소프트웨어, 하드웨어의 정상작동 여부
[엔진 회전수(RPM), 엔진 배기온도(EGT), 오일 압력,
노즐 작동 여부(Nozzle Position)]등을 확인합니다.

3. 조종 계통 점검
비행기를 움직이기위해 사용하는 조종계통
[Flaperon(Aileron), Elevator, Rudder 등]을 점검 한 후
공중에서 속도를 급하게 줄이기 위한 Speed Brake를
점검합니다.

4. 이착륙 장치 점검
비행기가 땅 위에서 움직일 때 필요한 바퀴 달린 장비를 점검
합니다. 날개 밑 두개의 바퀴(MAIN LANDING GEAR)에
장착된 브레이크의 정상 작동 여부를 확인합니다.

비행기 전원을 켜고 헬멧을 쓴 후, 모든 준비가 끝나면
#1 리더부터 *캐노피를 닫고 시동을 겁니다.

비행기 외부에 있는 정비사와 함께
시동 후 점검을 합니다.

조종석에 올라타면 쓰고 있던 모자와 선글라스는 비행기에 장착되어 있는 맵케이스
(Map case : 지도와 같은 물건을 보관할 수 있도록 부착되어 있는 작은 상자) 안에 보관합니다.

* 캐노피는 조종석을 덮는 유리문을 말합니다.
  블랙이글스 비행기는 위 아래로 여닫지만 기종에 따라 좌우로 여닫기도 합니다.

블랙이글스 팀원은 이렇게 많아요

비행대대 단단한 팀워크를 바탕으로 비행기를 직접 조종하여 멋진 에어쇼를 실시합니다.

- 비행팀을 총괄하고 지상에서 에어쇼를 직접 확인하면서 지휘하는 대대장
- #1, #2, #3, #4, #5, #6, #7, #8번까지의 조종사
- 훈련 조종사 #9

정비대대 가장 많은 인원이 있는 부서로서 안전하게 에어쇼를 마칠 수 있도록 비행기를 점검하고 고장이 났을 때는 빈틈없이 꼼꼼하게 수리합니다.

- 정비팀을 총괄하는 대대장, 중대장
- 전문적으로 정비를 관리하는 정비 감독관
- 전체적인 모든 상황을 확인하고 실무를 담당하는 정비 진행관
- 한 대의 비행기를 담당하며 전반적인 점검과 관리를 하는 정비 기장, 기부
- 전기, 연료, 유압 등 각 분야별 전문지식을 가진 특기별 정비사

홍보과 내레이션과 음향을 통해 에어쇼가 더 풍성해질 수 있도록 연출합니다. 사진과 영상을 이용한 다양한 홍보를 통해 블랙이글스의 활동을 더 많은 사람에게 알리는 역할도 합니다.

- 홍보팀 전체를 총괄하면서 SNS 라이브 방송을 담당하는 홍보과장
- 에어쇼 진행과 안내 방송을 담당하는 내레이터
- 에어쇼 기동마다 어울리는 음악을 재생하는 음향 담당
- 지상이나 에어쇼를 실시하는 비행기의 후방석에 탑승해서 사진과 영상을 촬영하는 항공촬영 담당
- 지상에서 사진을 촬영하고, 조종사들이 임무를 확인하고 더 나은 비행을 하기 위한 영상을 촬영하는 지상 촬영 담당

운영과 & 지원요원 예산, 행정, 기타 지원 업무 등 블랙이글스 활동이 잘 이루어질 수 있도록 다양한 업무를 수행합니다.

비행기에 시동을 걸었는지 엄청난 소리가 에어쇼장을 가득 채웠어요.
삼촌이 깜짝 놀랄 수 있다고 해서
미리 귀마개를 가져왔는데 다행이에요.
정비사는 비행기와 연결된 헤드폰을 쓰고
여기저기 자리를 옮겨가면서 점검을 했어요.
얼마 후, 정비사가 비행기와 연결된 선을 빼고 앞으로 나왔어요.

비행기 날개 끝에 불빛이 들어오고 연기를 힘껏 내뿜더니
#1 비행기부터 서서히 움직이기 시작했어요.

비저블 라이트(Visible Light)는 비행기 양쪽 날개 끝에 위치한 장착물로 정면에 불빛이 들어옵니다.

활주로를 달리던 비행기들이
하나둘씩 하늘 높이 날아올랐어요.

하늘 높이 올라간 비행기는 하나둘씩 모이기 시작했어요.
"대한민국 공군 특수비행팀 블랙이글스입니다!" 라는
내레이터의 말에 맞춰 신나는 음악이 울려퍼졌고
빨강, 파랑 연기를 내뿜으며
블랙이글스가 머리 위로 지나갔어요.

아슬아슬한 블랙이글스의 비행에 따라
행사장의 많은 사람들이 환호하며 박수를 쳤어요.
비행기가 어디서 어떻게 나타나는지 몰라 어리둥절했지만,
내레이터의 안내에 귀 기울이니
빠른 기동들을 놓치지 않고 볼 수 있었어요.
눈앞에서 사라지더니 멀리서 반짝이는
불빛과 함께 나타나기도 하고,
뒤에서 깜짝 등장하기도 했어요.

내레이터는 에어쇼가 진행되는 동안 기동의 이름과 뜻,
나타나는 방향 등을 설명해 줍니다.

엄마는 아슬아슬한 비행을 못 보겠다며
눈을 질끈 감기도 했지요.
내레이터의 말솜씨와 음악이 곁들여져
더 웅장하고 멋진 비행이 펼쳐졌어요.

옆에 계시던 할아버지는 태극 모양을 그리는
비행에 눈물을 흘리기도 했어요.
나도 가슴이 뭉클했어요.
삼촌의 눈부신 비행 솜씨를 보며
나도 블랙이글스 조종사가 되어야겠다고 마음먹었어요.

시간이 가는 줄도 몰랐는데 아쉽게도 에어쇼가 끝이 났어요.
비행을 마친 조종사들이
활주로에 내려서 처음에 있던 곳으로 돌아왔어요.
다시 비행기 앞에 한 줄로 서서 경례를 하고
사람들 앞으로 와서 인사를 했지요.
내 눈에는 어떤 누구보다 삼촌이 제일 멋져 보였어요.
얼른 삼촌에게 달려가 엄지 손을 치켜올렸어요.
나는 이렇게 멋진 블랙이글스가 궁금해졌어요.

행사 진행 상황에 따라 비행 후 관객들 바로 앞에서 인사를 하는 경우도 있고
별도의 장소에서 사인회를 여는 경우도 있습니다.

삼촌은 내가 궁금해하던 블랙이글스에 대한 이야기들을 차근차근 해주셨어요.

블랙이글스 Position

#1 LEADER
블랙이글스의 모든 임무에 대한 결정과 안전을
책임지며 기동의 기준이 되는 위치

#4 SLOT
팀원과 리더의 신뢰를 바탕으로
비행 제원 및 안전을 조언하고,
중심을 잡아주는 위치

#3 RIGHT WING
#1, #2를 확인하며 3기 이상의 대형에서
오른쪽 열의 기준이 되는 위치

#2 LEFT WING
블랙이글스의 모든 편대 대형의
기준이 되는 위치, 대형의 간격과
높낮이를 제공

#5 SYNCHRO-1
분리 기동 시 #5,6,7,8의 리더가
되어 에어쇼를 진행하고,
배면비행을 담당하는 위치

#6 SYNCHRO-2
#5와의 호흡으로 기동의 박진감을
더해주고, #1~4와 멋진 대형도
보여주는 다재다능한 위치

#7 SOLO-1
분리 기동 시 아름다운 하트와 태극 기동을
실시하고, 비행기의 최대 성능을 보여주는
급기동을 담당하는 위치

#8 SOLO-2
#7과 함께 하트와 태극 기동을 실시하며,
편대의 가장 끝에서 어려운 대형을 유지하고,
조언하는 위치

· 블랙이글스 조종사가 되는 과정 ·

조종사가 되기 위해서는 공부도, 운동도 열심히 해야 합니다.
눈이 나빠지지 않도록 책이나 TV를 볼 때,
특히 게임할 때도 조심해야 하지요.

1. 대학교를 갈 때 아래 중 하나를 선택해야 합니다.

공군사관학교	대한민국 공군 장교를 양성하는 학교로 체계적인 군사훈련과 높은 전문 지식을 갖춘 공군 장교를 육성, 4학년부터 조종사가 되기 위한 비행 훈련 시작
공군 ROTC	조종교육과정과 ROTC 과정이 있는 대학교에 진학하여 항공 관련 전문 지식과 조종기술을 배우며 3학년부터 군사훈련 시작, 대학교 졸업 후 공군 장교가 되어 기본 과정 비행훈련부터 시작
조종 장학생	일반 대학교를 다니면서 지원하여 선발이 되면, 대학교를 졸업한 후 3~4개월간의 군사훈련을 받고 공군 장교가 되어 비행훈련 시작

2. 대한민국 공군 장교가 되고 나면 본격적인 공군 조종사 훈련이 시작됩니다.

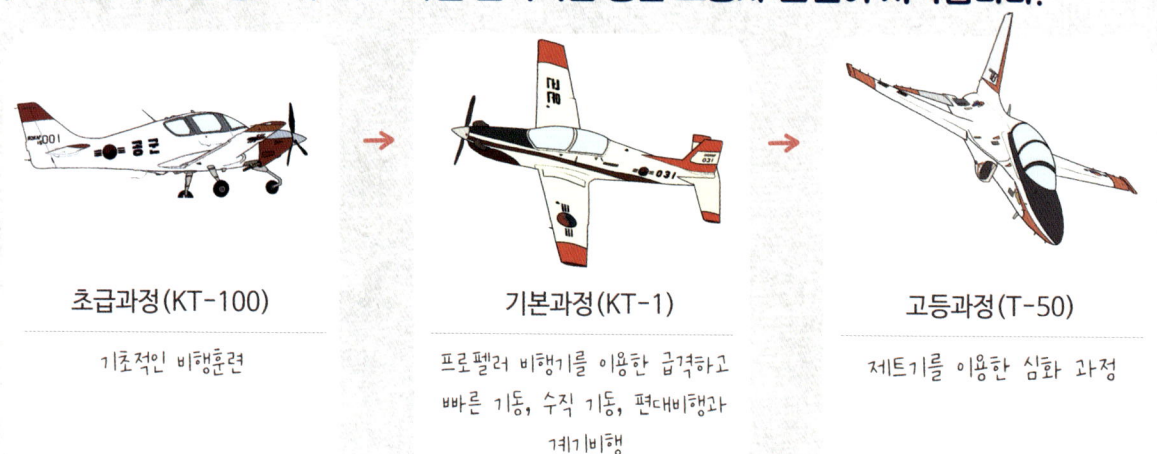

초급과정(KT-100) → 기본과정(KT-1) → 고등과정(T-50) →

기초적인 비행훈련 / 프로펠러 비행기를 이용한 급격하고 빠른 기동, 수직 기동, 편대비행과 계기비행 / 제트기를 이용한 심화 과정

훈련과정마다 성적이 나오는데 블랙이글스 조종사는 고등 비행 성적이 30% 이내인 사람 중에서 선발합니다.

→ → →

전투 조종사가 되기 위한
CRT/LIFT과정
(F-16/TA-50)

→

전투비행대대 배치 및
전투조종사 생활

3. 다양한 실전 훈련을 통해 정예 조종사가 되어 대한민국의 하늘을 지킵니다.

- **공대공 훈련**   하늘에서 비행기 간의 교전 훈련
- **공대지 훈련**   하늘에서 땅으로 폭탄을 투하나 장거리 유도 무기를 발사하는 훈련
- **실전 임무**   영공을 침범한 비행기의 식별이나 경계, 호위 등 유사시 발생할 수 있는 상황에 대비한 임무

4. 승급 훈련을 통해 블랙이글스 지원 자격을 갖춥니다.

- **비행시간**   F-4/5/15 조종사는 800시간, F-16/F(T)A-50 조종사는 600시간 이상의 비행경력
- **비행자격**   비행 편대장, 교관

  * 비행 편대장 : 여러 대의 비행기와 같이 비행을 하면서 다른 비행기에 전술을 지시하거나,
  같은 임무를 하는 전체 비행기들을 지시, 관리하는 경험과 지식이 많은 조종사

  * 교관 : 비행 편대장보다 더 많은 능력과 경험을 갖춰 다른 조종사들을 가르치거나 평가할 수 있는 조종사

*공군과 블랙이글스의 정책에따라 변경될 수 있습니다.

자격을 갖춘 사람들이 블랙이글스에 지원을 하면
팀원 모두 모여 조종사를 뽑는대요.
서로를 믿고 정말 가깝게 비행을 하므로
단 한 사람이라도 반대하면 팀원이 될 수 없어요.

편대, 근접 비행은 서로를 신뢰하지 않으면 절대 할 수 없어요.

팀원을 뽑을 때는 오랫동안 고민해서
아주 신중하게 뽑는다고 해요.
선발 후부터 임기가 끝날 때까지
위치별로 단 한 명의 조종사만이 자신의 위치에서
임무를 수행하기 때문이래요.

자신의 위치에서 비행을 대신 할 조종사가 없기 때문에
블랙이글스 팀원들은 아프거나 다치지 않게 아주 조심한다고 해요.

블랙이글스 팀원이 되면 특수비행 자격을 갖기 위해 훈련 비행을 해야 해요.
훈련 조종사가 비행을 배울 때는 앞에 훈련 조종사가 타고,
교관은 뒤에 타서 가르쳐 준대요.
훈련이 끝나면 훈련 조종사는 앞에서 혼자 비행을 해야하기 때문이지요.
처음에는 2대가 이륙해서 기본적인 비행을 배우고,
점점 실력이 늘어나면 한 대씩 늘려서 나중엔 8대가 다 같이 모여 훈련을 해요.

전방석이 직접 비행을 하는 주 조종석이고, 후방석은 조종은 하지 않고
눈으로 배우기 위한 관숙비행을 하거나, 사진과 영상 촬영을 위한
항공촬영 담당이 주로 탑승하기 위해 사용합니다.

"그런데 삼촌은 3번기 조종사잖아요,
나중에 1번기 조종사가 되는 거예요?"
"아니야, 한번 3번기 조종사가 되면 임기가
끝날 때까지 3번으로 비행을 해."

1번 조종사는 처음부터 1번 조종사를 선발해요.
팀을 지휘해야 하기 때문에 기존의 팀원들보다 선배인 조종사를 선발하고,
비행 훈련 성적도 10% 이내인 조종사만 뽑아요.
1번 조종사는 8대의 비행기가 안전하게 에어쇼를 하기 위해 기준이 되어야 하므로
정말 비행을 잘해야 한다고 해요.

삼촌의 이야기를 들으니 에어쇼를 하는
블랙이글스의 비행기도 무척 궁금해졌어요.
어디서 만든 것일까요? 얼마나 빠를까요?

"삼촌이 타는 비행기는 전투기에요?
 미사일도 발사할 수 있어요?"
"하하하. 궁금한 게 많아졌구나!
 좋아. 삼촌이 타는 비행기에 대해 설명해 줄게."

· T-50 과 블랙이글스 ·

T-50 (고등훈련기)

T-50B (특수비행기)

- 기본 형상

전장 : 13.14m
기폭 : 9.45m
기고 : 4.94m
엔진 : F404-GE-102

최대속도 : 마하 1.4
실용상승고도 : 12.2km
추력 : 17,700lb (Max,AB)
　　　11,933lb (Mil)

- 기본 형상 + 특수비행용 장비 추가
  - 스모크오일 탱크
  - Pin 카메라
  - Image 레코더
  - Visible Light 외

"삼촌, 그런데 어떻게 저렇게 아슬아슬하게 비행할 수 있는 거예요?
비행기가 자동으로 비행하는 거예요? 센서가 있어요?"

"블랙이글스의 비행기에는 다른 비행기와의 거리나 각도, 속도를 측정하는 레이더 같은 센서는
장착되어 있지 않아. 자동항법장치가 있긴 하지만 그건 에어쇼용이 아니라
직진 수평으로 안전하게 갈 때 쓰는 거야. 다들 앞에 있는 비행기를 직접 보고 비행하는 거란다.
평소에도 열심히 비행 훈련을 한 결과지."

삼촌의 이야기를 들으면 들을수록
블랙이글스 조종사가 되고 싶다는
생각으로 가슴이 벅차올랐어요.
알면 알수록 궁금증이 커졌어요.

비행할 때 이렇게 많은 물건이 필요한지 처음 알았어요.
저는 준비물 하나도 금세 잊어버리는데…
삼촌이 더 대단해 보였어요.
블랙이글스 비행기를 조종하는 기분은 어떨까요?
하늘에서 내려다보는
우리나라의 모습은 어떨까요?
나는 상상할수록 더욱더 설레었어요.

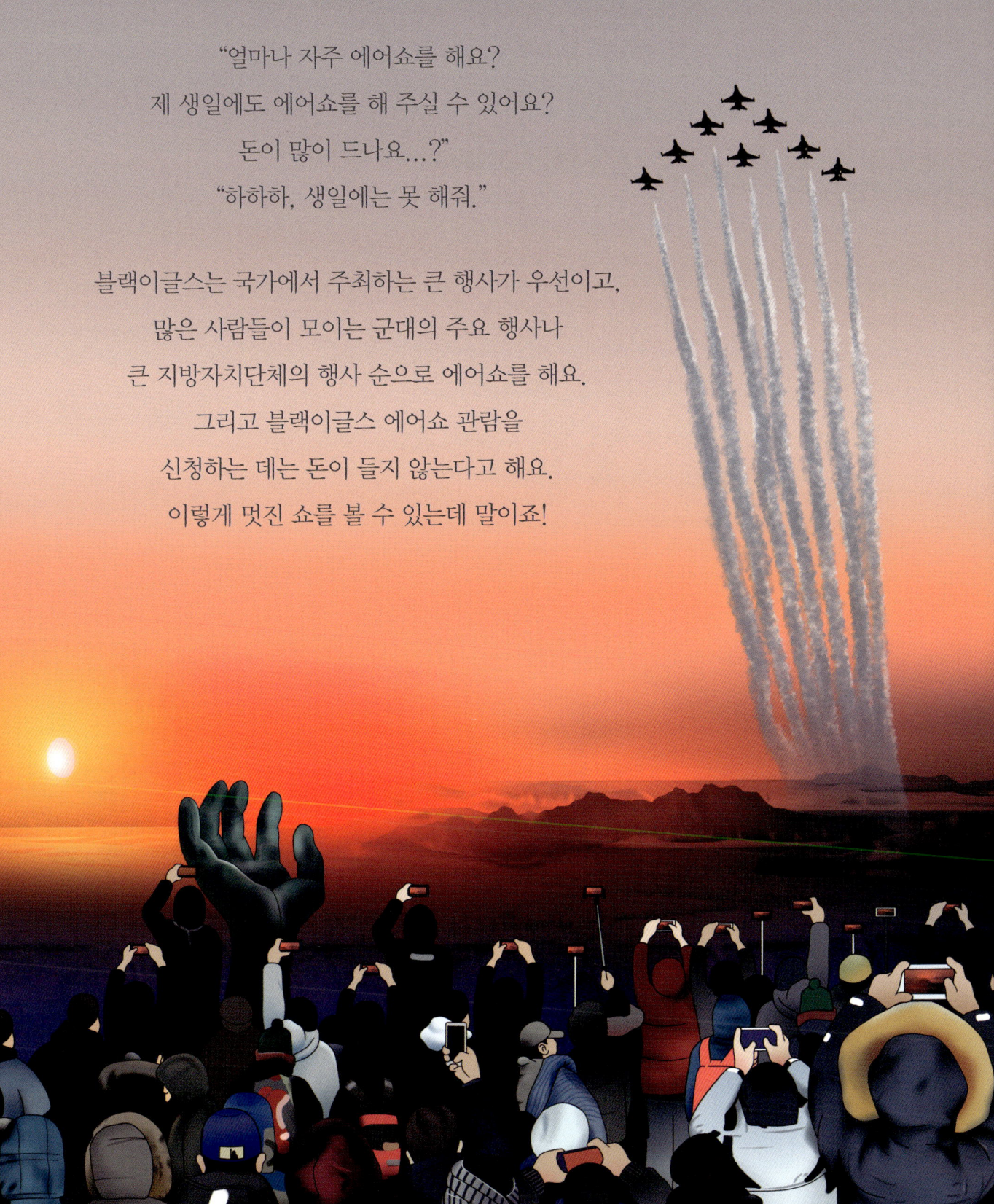

"얼마나 자주 에어쇼를 해요?
제 생일에도 에어쇼를 해 주실 수 있어요?
돈이 많이 드나요…?"
"하하하, 생일에는 못 해줘."

블랙이글스는 국가에서 주최하는 큰 행사가 우선이고,
많은 사람들이 모이는 군대의 주요 행사나
큰 지방자치단체의 행사 순으로 에어쇼를 해요.
그리고 블랙이글스 에어쇼 관람을
신청하는 데는 돈이 들지 않는다고 해요.
이렇게 멋진 쇼를 볼 수 있는데 말이죠!

제가 사는 도시는 활주로가 없어서
우리 도시에서는 에어쇼를 볼 수 없겠구나
생각이 들었어요.

그런데 삼촌이 어디서든 에어쇼를 할 수 있대요.
활주로가 있는 도시도 있고, 없는 도시도 있는데 어떻게 하는 걸까요?
산의 모양도 다르고 날씨도 다를 텐데 어떻게 하는 걸까요?

· 에어쇼 준비과정 ·

블랙이글스는 강원도 원주에 있습니다. 여기에서 훈련도 하고, 멀리 있는 지역의 행사를 위해 이착륙을 하고 있습니다.
에어쇼를 하는 동안은 연료가 많이 사용되고, 원주 기지로부터 오가는 연료도 고려해야 합니다.
따라서 원주에서 먼 곳은 짧게 에어쇼를 하거나, 행사장과 가까운 기지로 미리 가서 에어쇼를 준비하기도 합니다.

1. 행사를 신청받으면 주최 측에서 원하는 행사장의 거리, 지형을 파악하여
   에어쇼 지원 여부, 방법을 결정합니다.

2. 비행대대 대대장과 홍보과 요원들이 먼저 행사장에 도착합니다.
   주최 측과 행사에 대해 조율하고, 관객 입장에서 에어쇼 관람 시 고려해야 할 사항과
   영상, 음향시설 등을 확인합니다.

3. 블랙이글스 8대의 비행기가 이륙하여 행사장으로 오면
   지상에서 지휘하는 대대장과 통신을 하면서 지형을 눈으로 직접 확인합니다.
   이때 위험한 지형, 높은 건물, 안테나, 고압선 등을 확인하여 에어쇼 경로의 높낮이를 조절합니다.

4. 실제 행사와 같이 에어쇼 연습을 합니다.
   관람석에서 지휘 중인 대대장이 주변 건물이나 산으로 비행기가 가려서 보이지 않거나
   위험해 보일 경우, 미리 파악하여 비행이 끝난 후 다시 조절할 수 있도록 조언해줍니다.
   조종사들도 촬영된 영상을 보면서 본 행사를 준비합니다.

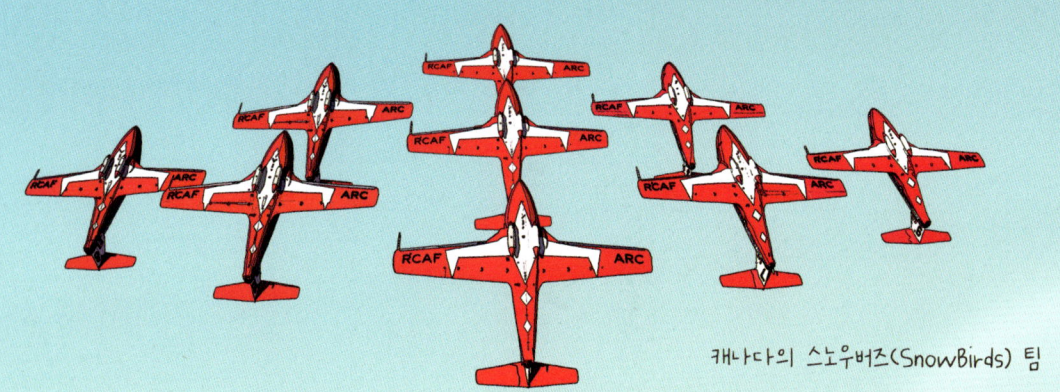

캐나다의 스노우버즈(SnowBirds) 팀

"그런데 삼촌, 에어쇼를 하는 비행팀이 우리나라에만 있어요?"
"아니야. 많은 나라에서 자기 나라의 힘을 보여주기 위해서 에어쇼팀을 운영하고 있단다.
어떤 에어쇼팀을 운영한다는 건 공군 자원의 여유, 재원, 국가의 항공 기술력,
조종사와 정비사 능력 등의 수준을 보여주는 좋은 방법이야."

프랑스의 파트루이유 드 프랑스(Patrouille de France) 팀

이탈리아의 프레체 트리콜로리(Frecce Tricolori) 팀

영국의 레드 애로우즈(Red Arrows) 팀

우리나라에만 있는 줄 알았던 에어쇼팀이
이렇게 많은 나라에도 있는 줄 몰랐어요.
거기다가 블랙이글스가 세계 각지에서 초청받는다니
제 어깨에 힘이 들어갈 정도로 자랑스러웠어요.

미국 공군의 썬더버즈(Thunderbirds) 팀

미국 해군의 블루 엔젤스(Blue Angels) 팀

2012년, 블랙이글스는 최초로 참가한 해외 에어쇼에서 수상했어요.
영국에서 열리는 리아트에어쇼(RIAT : Royal International Air Tattoo)와 와딩턴에어쇼(Waddington International Airshow)에 참가하여 각각 최우수상과 인기상, 최우수 에어쇼 상을 받았어요.

우리나라가 블랙이글스 에어쇼팀을 운영하는 목적은
공군에 대한 국민들의 이해를 높이고,
쉽게 접할 기회를 제공하기 위해서래요.
또 우수한 인재를 공군으로 모집하고,
더 나아가 우리나라 공군의 힘을 세계에 널리 알리는 역할도 하고 있어요.

그리고 2014년부터 싱가포르와 말레이시아에서
열리는 에어쇼에 참가하고 있대요.
2012년 영국 에어쇼에 참가 할 때는
너무 멀어서 비행기를 분해하여 수송하고
영국에서 재조립한 뒤 비행을 했지만
싱가포르와 말레이시아는 비교적 가깝기 때문에
직접 비행을 해서 날아간다고 해요.
대만, 필리핀, 브루나이, 말레이시아를 거쳐서 말이지요.
경유지에서 정비도 하고, 연료도 보충하면서 다녀온대요.

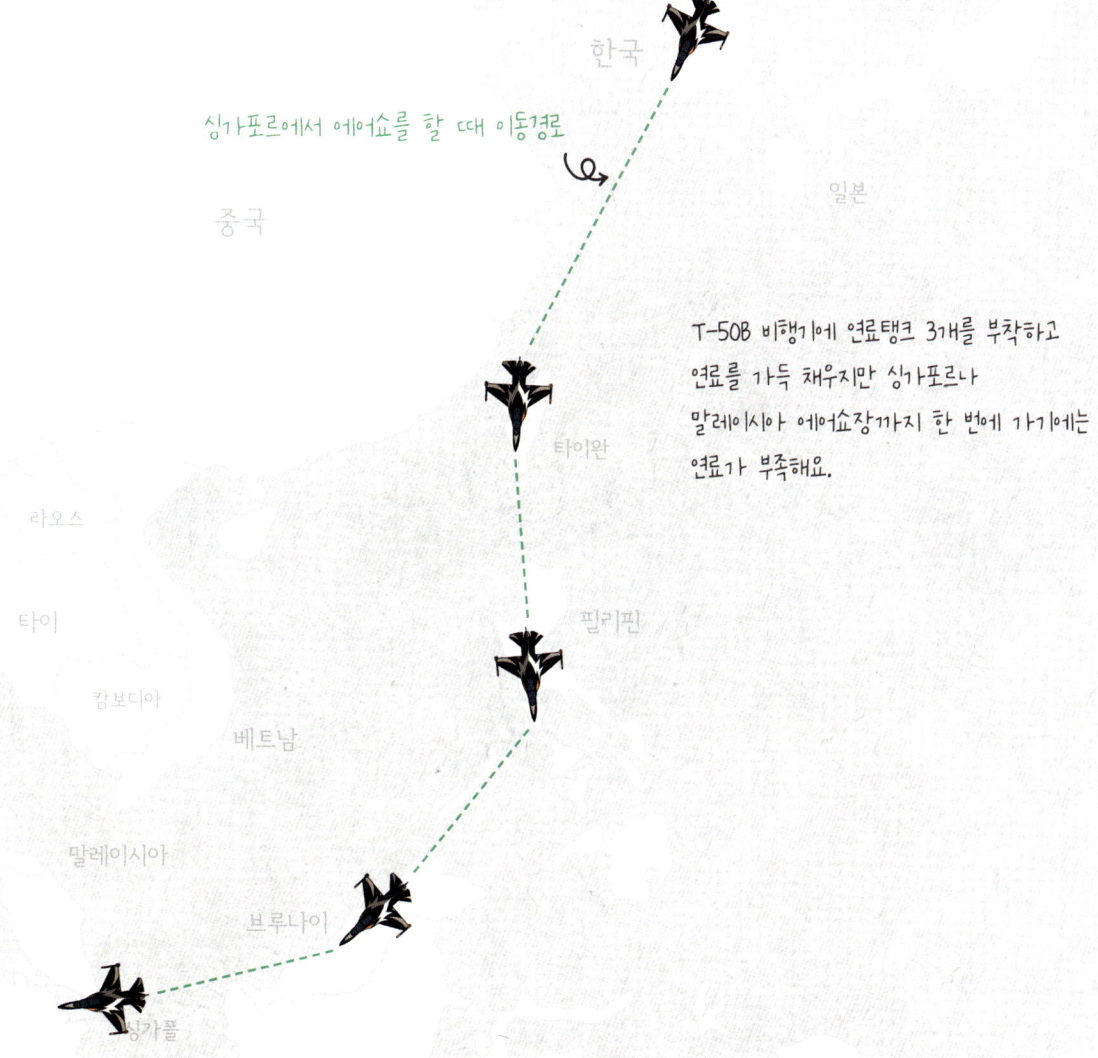

싱가포르에서 에어쇼를 할 때 이동경로

T-50B 비행기에 연료탱크 3개를 부착하고
연료를 가득 채우지만 싱가포르나
말레이시아 에어쇼장까지 한 번에 가기에는
연료가 부족해요.

"삼촌, 저도 3번기 조종사가 되고 싶어요!
나중에 제가 커서 어른이 되면 삼촌이 직접 가르쳐 주시면 안 돼요?"
"하하 아쉽지만 그렇게 할 수는 없어.
블랙이글스 조종사로 활동할 수 있는 기간이 정해져 있거든."

특수비행 자격을 획득하는 훈련 비행은 보통 6개월 정도 걸리고 팀원이 되고 난 후에는 3년 동안 에어쇼를 합니다.

아쉽게도 삼촌은 블랙이글스를 떠날 날이 얼마 남지 않았어요.
삼촌의 뒤를 이어 3번기를 조종할 조종사는 어떤 분이실까요?
이렇게 멋진 비행을 한다는 게 얼마나 기대될까요?
제가 블랙이글스 팀원이 되어 비행을 할 수 있다면 얼마나 좋을까요!

며칠 뒤 학교에서 나의 꿈에 대해 발표를 했어요.
저는 자랑스럽게 "대한민국 공군 특수비행팀 블랙이글스의 조종사"가
되고 싶다고 이야기 했어요. 친구들의 눈이 동그래졌어요.
그게 무엇인지, 무엇을 하는지 모르는 친구들도 많았지요.

삼촌이 선물해 준 모자를 가리키며 자랑스럽게 이야기했어요.
블랙이글스 조종사가 되는 것이 얼마나 어려운지,
또 대한민국 공군 특수비행팀 블랙이글스가 세계적으로도 얼마나 대단한 팀인지,
얼마나 멋진 일을 하는지 척척 설명했지요.
발표 마지막에는 삼촌이 알려준 블랙이글스 구호도 외쳤어요.

"블랙이글스! 팀워크(TEAM WORK)!"

겁도 조금 나고 쉽지 않겠지만 노력해서
꼭 블랙이글스 팀원이 될 거예요.

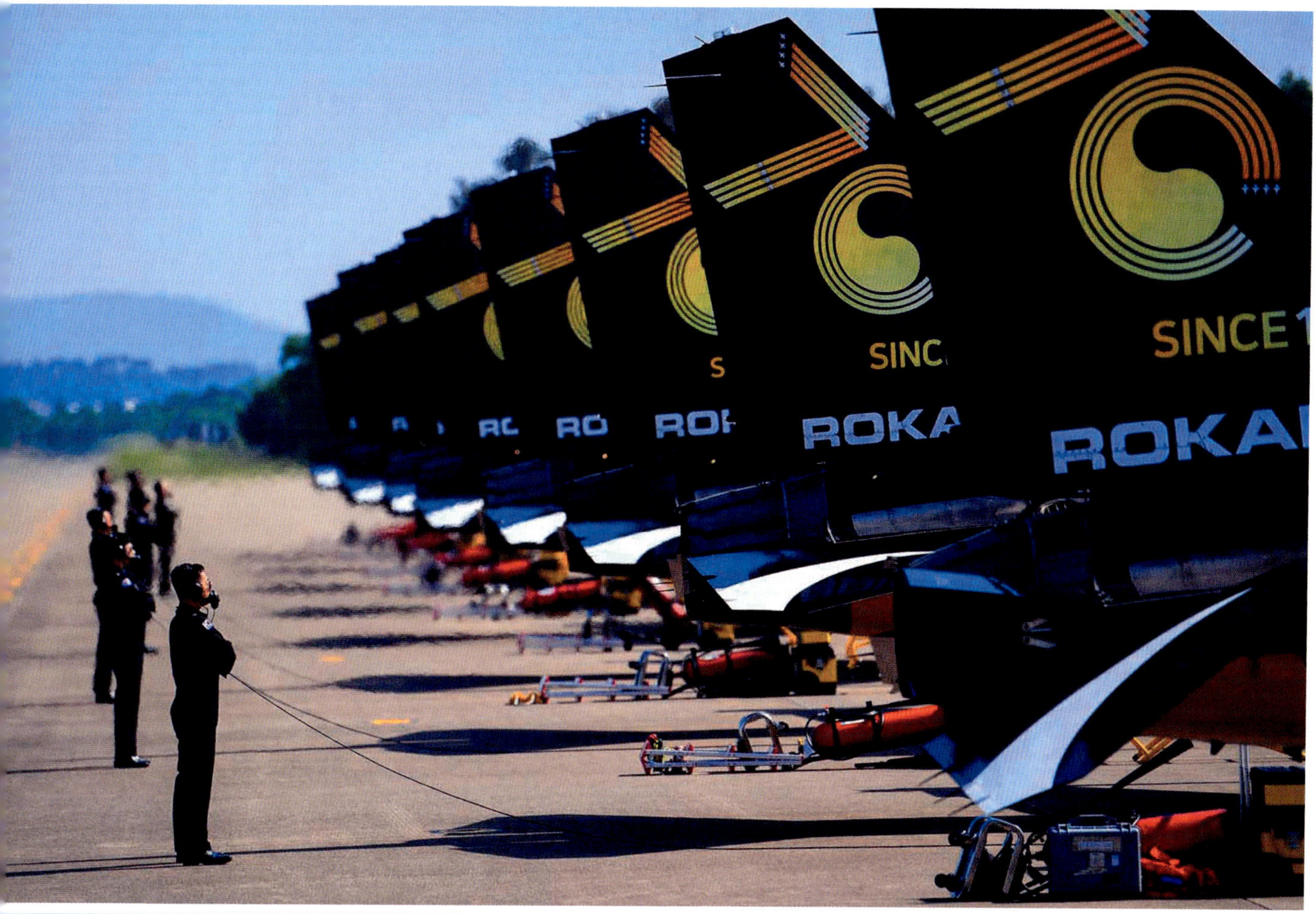
SINCE 1
ROKA

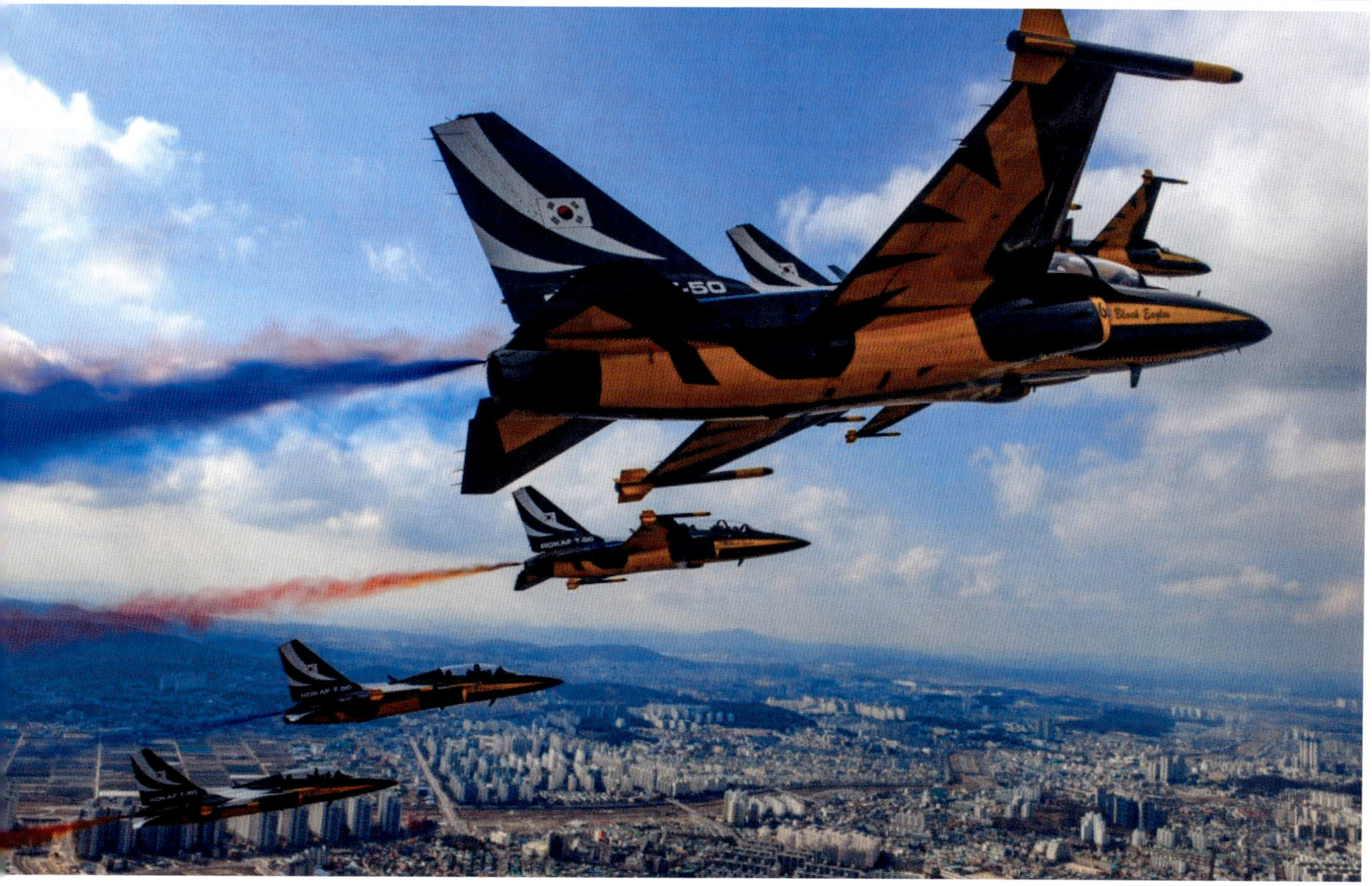

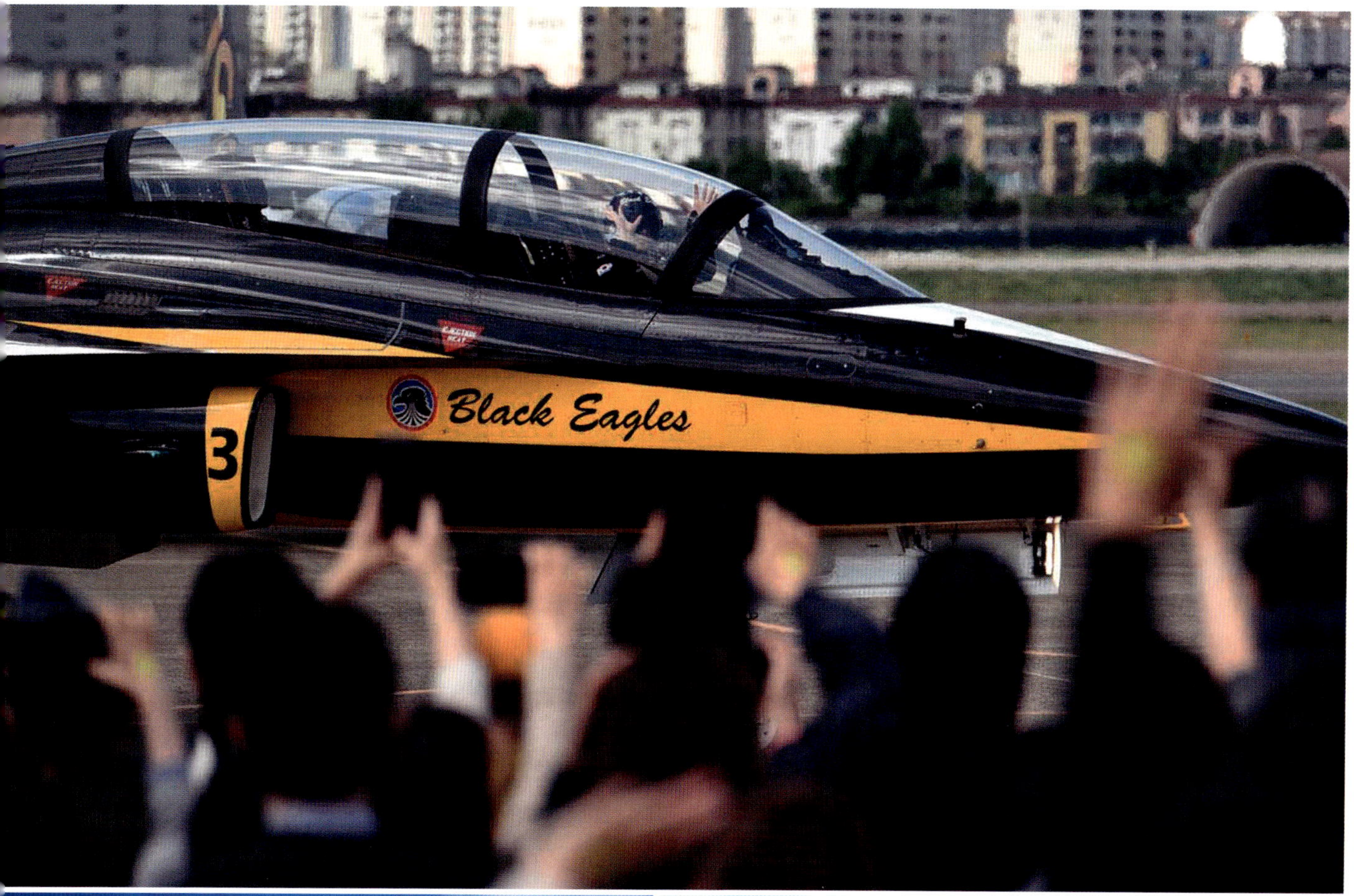
3
Black Eagles

대한민국공군

Black Eagles
대한민국공군

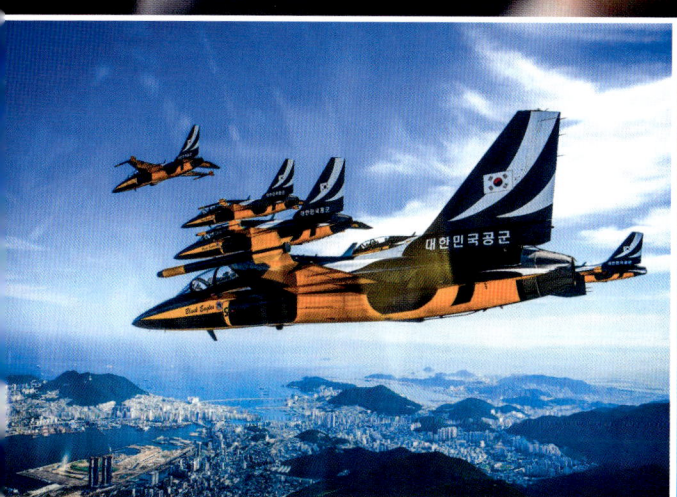

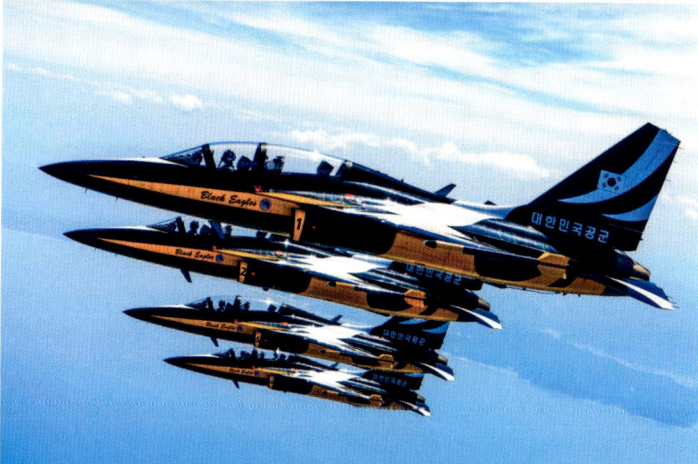

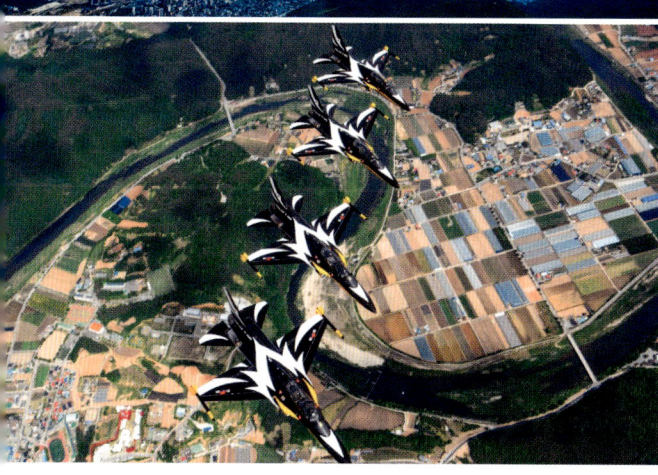

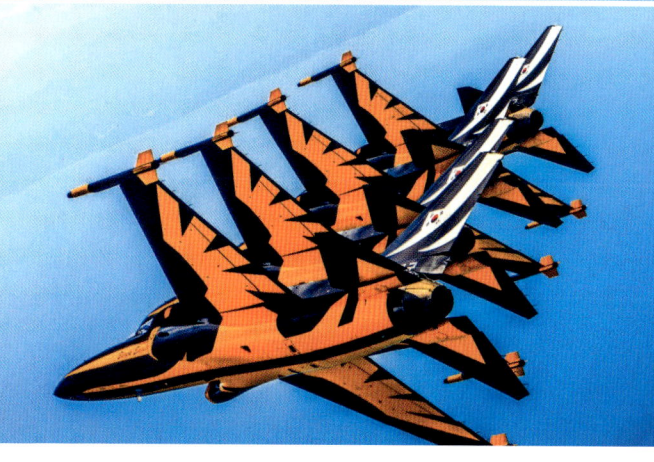

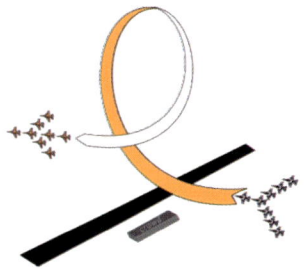

Change Loop

웅장하고 역동적인 Big Arrow 대형을 이룬 B·E 편대는 수직 원형기동중 대형변경을 실시하여 화살촉 모양의 Stinger 대형을 형성하는 기동

Change Turn

팀워크를 상징하는 Cross 대형으로 진입하여 수직원형기동을 실시한 후 정면에 360도 선회기동과 동시에 Diamond, Albatros, Eagle 대형으로 신속하고 절도있는 대형변경을 실시하는 기동

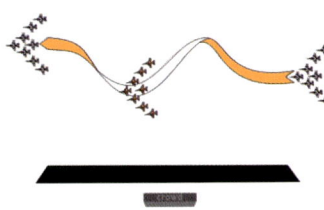

Roll

승리를 상징하는 Victory 대형을 갖춘 B·E가 우측에서 진입하여 편대가 동시에 360도 회전하는 기동

Bon Ton Roule

B·E는 Pental대형을 갖춘 후 정면 상공에서 8기가 동시에 빠른 360도 횡전을 한 후 수직 반회비행을 실시하며 대형 변경 및 편대 재집합을 실시하는 기동

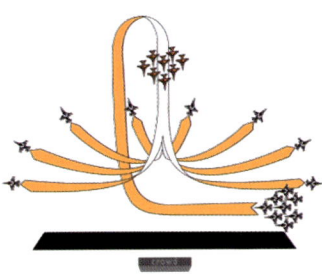

Rainfall

승리를 상징하는 Wedge대형을 갖춘 B·E가 우측에서 진입하여 편대가 동시에 360도 회전하는 기동

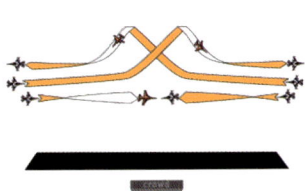

Scissor Pass

각각 두 대의 항공기가 왼쪽과 오른쪽에서 접근하여 충돌할 듯 교차하는 기동

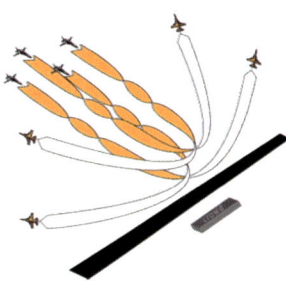

Box Cross

사각형 모양을 이룬 4기 편대가 정면에서 진입하여 동시에 360도 빠른 횡전을 실시한 후 교차하는 기동

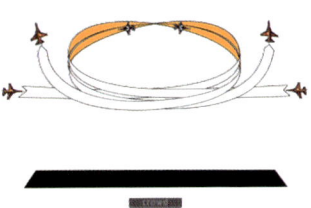

Triple Turn

왼쪽과 오른쪽에서 진입한 두 항공기가 각각 360도 선회하며 3번의 연속적인 교차를 실시하는 기동

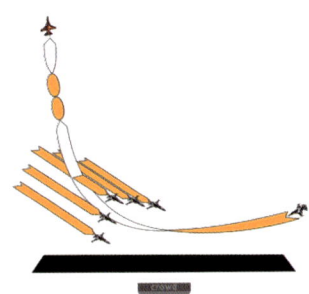

Goose

넓은 갈매기 대형을 이룬 5기 편대사이를 맞은편 상공에서 고속으로 진입한 항공기가 관통하는 기동

Heart & Cupid

편대를 이룬 2대의 항공기가 수직에서 분리한 후 푸른하늘에 사랑을 상징하는 하트모양을 그리는 동시에 좌측에서 진입한 항공기가 큐피드의 화살을 표현한 기동

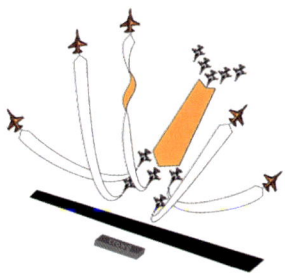

Orchid

5대의 편대가 정면에서 진입하여 다섯 갈래로 분수가 솟구치듯 분리하며 난을 형상화하는 기동

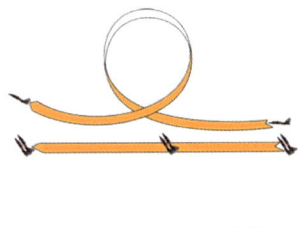

2 ship High a & Loop

2대의 항공기가 편대를 이룬 후 최저속도로 진입하는 사이 고속으로 진입한 1대의 항공기가 수직원형기동을 실시하는 기동으로 T-50B 항공기의 저속안정성과 뛰어난 증속 성능 및 최대추력에서 높은 추력 대 중량비를 동시에 확인할 수 있는 기동